O Brasil dos Imigrantes

Lucia Lippi Oliveira

O Brasil dos Imigrantes

ZAHAR

Capa
Carol Sá e Sérgio Campante

Ilustração da capa
Cartaz de uma das companhias de navegação italianas, mostrando os dias de saída para vários países imigratórios, em 1906. (La Veloce, 1906.)

Vinheta da coleção
Ilustração de Debret

CIP-Brasil. Catalogação na fonte
Sindicato Nacional dos Editores de Livros, RJ

Oliveira, Lucia Lippi, 1945-
0486b O Brasil dos imigrantes / Lucia Lippi Oliveira. — 1ª ed. — Rio de Janeiro: Zahar, 2002.
il. — (Descobrindo o Brasil)

Apêndice
Inclui bibliografia
ISBN 978-85-7110-577-5

1. Imigrantes — Brasil — História. 2. Europeus — Brasil — História. 3. Brasil — Colonização — História. 4. Brasil — História. I. Título. II. Série.

CDD: 981
01-1624 CDU: 981

EDITORA SCHWARCZ S.A.
Praça Floriano, 19, sala 3001 — Cinelândia
20031-050 — Rio de Janeiro — RJ
Telefone: (21) 3993-7510
www.companhiadasletras.com.br
www.blogdacompanhia.com.br
facebook.com/editorazahar
instagram.com/editorazahar
twitter.com/editorazahar

FSC
www.fsc.org
MISTO
Apoiando o manejo florestal responsável
FSC® C128038

A marca FSC® é a garantia de que a madeira utilizada na fabricação do papel deste livro provém de florestas que foram gerenciadas de maneira ambientalmente correta, socialmente justa e economicamente viável, além de outras fontes de origem controlada.

Esta obra foi composta por TopTextos Edições Gráficas em Adobe Garamond e Rotis Semi Sans e impressa em processo sob demanda pela Um Livro sobre papel offset para a Editora Schwarcz a partir de 2024

Sumário

Créditos das ilustrações

1, 2, 3, 4, 5 e 6. Acervo do Memorial do Imigrante — Museu da Imigração, São Paulo.

7 e 8. Documentos cedidos por Celso Castro.

O olhar estrangeiro: de viajante a imigrante

Durante o século XIX os europeus que visitavam o Brasil eram, em sua maioria, estudiosos e cientistas que vinham conhecer os trópicos. Eram os chamados "naturalistas", e foram eles os principais responsáveis pela construção de uma interpretação do país. Suas narrativas têm como fundamento o olhar, o fato de terem visitado os lugares, e com isso garantir a veracidade de suas narrativas. O objetivo mais comum era o de coletar plantas e animais, se possível vivos, para transplantá-los para estufas e zoológicos dos mais importantes centros de pesquisa do mundo.

Vejamos como um viajante, o famoso naturalista von Martius, descreve sua chegada ao Rio de Janeiro em 1824:

> Quem chega convencido de encontrar esta parte do mundo descoberta só desde três séculos, com a natureza inteiramente rude, violenta e invicta, poder-se-ia julgar, ao menos aqui na capital do Brasil, fora dela; tanto fez a influência da civilização e cultura da velha

> e educada Europa para remover deste ponto da colônia os característicos da selvageria americana, e dar-lhes cunho de civilização avançada. Língua, costumes, arquitetura e afluxo dos produtos de indústria de todas as partes do mundo dão à praça do Rio de Janeiro aspecto europeu. O que, entretanto, logo lembra ao viajante que ele se acha num estranho continente do mundo, é sobretudo a turba variada de negros e mulatos, a classe operária com que ele topa por toda parte, assim que põe o pé em terra. Esse aspecto foi-nos mais de surpresa do que de agrado. A natureza inferior, bruta, destes homens importunos, seminus, fere a sensibilidade do europeu que acaba de deixar os costumes delicados e as fórmulas obsequiadas da sua pátria.

Outra narrativa, a de um imigrante português, mais de 100 anos depois da primeira, expressa também o choque diante da figura de negro e indica as possibilidades de integração vigentes na sociedade brasileira:

> Meu pai, Francisco da Motta, contava e recontava a história de sua viagem para o Brasil em 1936. Ele e seu irmão, com 11 e 9 anos, viajavam com a mãe para encontrar o pai, que já estava no Brasil. Foi no navio que, pela primeira vez, viram um negro. A imagem do cozinheiro do navio, com um enorme facão na mão, apavorou os meninos até que, vencido o susto, fizeram

> amizade com ele e passaram a ajudá-lo descascando batatas na cozinha. Como pagamento recebiam "bifes" na refeição, o que muito lhes agradava já que não comiam carne de boi na aldeia e ela também não fazia parte do cardápio da terceira classe do navio. O segundo susto foi o de verificar, ao parar no Recife durante o Carnaval, que existiam muitos, milhares de negros, como aquele que conheceram no navio.

Ao longo do século XIX toda a literatura sobre o Brasil, produzida pelos estrangeiros que nos visitaram, apresentou duas marcas: o encantamento com a natureza e o choque diante da escravidão. Os intelectuais brasileiros, por outro lado, estavam envolvidos na construção de uma identidade para o novo país.

A identidade do Brasil, desde meados do século XIX, é pensada como resultado da fusão das três raças formadoras da nacionalidade — o branco, o índio e o negro. A participação do negro, entretanto, apresentava problemas. Vindo e vivendo como escravo, considerado como inferior, o negro se integra à nação através da miscigenação, mas não encontra lugar na construção ideológica da identidade brasileira. Um lugar relevante é destacado para o índio apresentado na literatura romântica. O índio idealizado é reconhecido, ainda que o índio histórico já tenha sido quase dizimado.

A mestiçagem da população brasileira se coloca como um desafio, já que a ciência do final do século

XIX considerava a mistura de raças um mal. A produção de seres híbridos — o pior de cada uma das raças — leva à crença de que o Brasil não terá lugar entre as nações civilizadas do mundo.

Para além do impasse de ter que lidar com uma população mestiça, foi construído um imaginário sobre o Brasil e os brasileiros que afirmava a capacidade plástica (de se moldar, se adaptar), a cordialidade (garantida pela proximidade, pela intimidade) e a democracia racial (pela miscigenação) como ingredientes capazes de garantir a formação de uma grande nação nos trópicos. A hegemonia desse processo obviamente caberia ao português branco, latino e católico.

Intelectuais brasileiros construtores da teoria do "branqueamento" no início do século XX — processo seletivo de miscigenação que dentro de três ou quatro gerações faria surgir uma população branca — viam a vinda de imigrantes brancos como um bem. O mestiço original poderia ser melhorado caso se introduzisse mais brancos à mistura original. A seleção de imigrantes obedeceu principalmente à demanda pelo branqueamento. A possibilidade de miscigenação e a disponibilidade à assimilação são variáveis fundamentais na definição de quais imigrantes são desejáveis. O imigrante, além de vir preencher uma demanda de braços para o trabalho, teria o papel de contribuir para o branqueamento da população, ao submergir na cultura brasileira por meio da assimilação.

É preciso lembrar que os povos estiveram sempre se movimentando ao longo dos territórios, rios e mares do globo, em deslocamentos contínuos. O curso da civilização ocidental foi movido pela existência de novos espaços — a idéia de uma fronteira aberta —, que atraiu e possibilitou a movimentação de grupos que se deslocavam da Europa para Oeste, em direção ao continente americano. Se isto acontecia desde os Descobrimentos, um período de imigração em massa da Europa para a América aconteceu entre 1870 e 1930. Estima-se que 40 milhões tenham atravessado o Atlântico, migrando do Velho para o Novo Mundo. Outras fontes falam em 31 milhões.

Já foi dito que a emigração é uma expressão da liberdade de movimento, mas é também um produto da escassez, já que foi o novo arranjo industrial na Europa, com grande concentração populacional nas cidades, que produziu uma população excedente, aquela que vai procurar condições de vida em outras terras. Atualmente muitos desses deslocamentos estão sendo identificados como fenômenos de diáspora. Entretanto, este termo está mais ligado a uma identidade garantida por um torrão pátrio ao qual todos devem voltar, o que não tem o mesmo significado para todos os grupos que se deslocaram.

Essa viagem em massa significou um profundo rompimento com a vida anterior e deixou marcas naqueles que a empreenderam. O sofrimento pelo que estavam deixando e a ansiedade pelo que deveriam encontrar marcam os relatos daqueles que emigraram. Passam a viver a situação de ser estrangeiro, como foi maravilhosamente expresso no filme *Gaijin*, de Tizuka Yamazaki. Ser objeto de temor e/ou desprezo é experiência de vida que dificilmente se apaga. Muitos remontam no novo lar certas marcas trazidas da casa de origem: retratos de família, imagens religiosas, tapetes, objetos de decoração, tudo aquilo que possa fazer lembrar o lugar de origem. Quase todos têm o sonho de retorno, de preferência vitoriosos, mas muitos não conseguem realizá-lo. Entre os vitoriosos estão aqueles que voltam à terra natal, mas apenas para exibir os traços do êxito alcançado.

A condição de imigrante se acopla, assim, à de estrangeiro. Isso significa se sentir e ser considerado como diferente. O grau de estranhamento depende de muitas variáveis: o lugar de onde se veio, as razões da imigração, a situação de viajar em família ou só, contatos anteriores com patrícios que já moram na nova terra. Isso para não mencionar a grande e primeira barreira enfrentada — a barreira da língua. O comportamento em relação à nova língua consegue definir os obstáculos, maiores ou menores, a serem enfrentados. O bilingüismo ou a competição entre a língua de origem e a nova definem a construção da identidade do imigrante como um novo brasileiro ou como um estrangeiro que vive e trabalha na nova terra. A manutenção da língua materna, as dificuldades de comunicação com a nova sociedade, os conflitos lingüísticos entre os mais velhos e a nova geração, entre pais e filhos, marcam também o fenômeno da imigração. O desejo de ser bilíngüe se apresenta como meio de o imigrante se tornar brasileiro e ascender socialmente.

O grau de contato com os que ficaram, através de cartas; a manutenção de laços originais pelo casamento, pela prática de se mandar buscar noivas; e a criação/reforço de laços através de associações e clubes marcam os grupos imigrantes. Todos estes traços estão presentes em grau maior ou menor nos imigrantes que aqui chegaram, assim como se fazem presentes, por exemplo, nos brasileiros que desde os anos 80 se encontram nos Estados Unidos da América.

A política brasileira frente à imigração

No Brasil do século XIX, a política de imigração visava a atrair estrangeiros para povoar e colonizar os vazios demográficos, o que permitiria a posse do território e a produção de riquezas. O imigrante desejado era o agricultor, colono e artesão que aceitasse viver em colônias, e não o aventureiro que vivesse nas cidades. Em 1808 foi promulgada lei que permitia aos estrangeiros a propriedade de terras no Brasil. O governo imperial subvencionava a formação de núcleos coloniais de agricultores em suas terras devolutas e em sistema de pequena propriedade, como foi o caso dos alemães no Sul e Sudeste. Porém só em meados do século começam a chegar imigrantes para suprir a carência de mão-de-obra nos cafezais paulistas, passando então a ser empregados nessa monocultura de exportação. A subvenção também se altera, deixa de ser de exclusiva responsabilidade do governo imperial para incluir também os governos provinciais e a iniciativa privada. Companhias internacionais de imigração se encarregam de recrutar, transportar e instalar os novos imigrantes no Brasil.

Com o fim do tráfico de escravos, em 1850, altera-se também a legislação referente à propriedade da terra. A política de colonização do Império, que cedia terras de graça a estrangeiros, é então alterada e nova lei passa a proibir a posse de terra que não fosse comprada. E é o fim do tráfico negreiro que começa a colocar na ordem do dia a necessidade de substituição da mão-de-obra por imigrantes. A formação de colônias isoladas, com vida social autônoma, derivada da política governamental, também foi criticada. Silvio Romero foi um dos intelectuais que, no início do século XX, criticou o Império por ter criado colônias isoladas, permitindo a formação de "quistos sociais", e falou do "perigo alemão".

As dificuldades para atrair imigrantes a serem assentados em terras devolutas derivam de várias frentes: a existência do latifúndio, a vigência da escravidão e a associação entre vida civil e religião (no caso a Igreja Católica, que dificultava a vinda de protestantes e de outras religiões). Essas limitações faziam com que o modelo norte-americano da pequena propriedade, que fazia sucesso à época, fosse mais um desejo a povoar o imaginário de alguns ilustrados do que realidade do país.

No caso brasileiro, durante o século XIX, a entrada de imigrantes aconteceu voltada para dois focos: a pequena propriedade agrícola, principalmente nos estados do Sul, e as fazendas de café do Oeste paulista, onde eram empregados como mão-de-obra.

Desde o fim da Guerra do Paraguai, quando muitos escravos tinham ganhado a liberdade por lutar nas tropas brasileiras, e da vitória do Norte sobre o Sul escravista na Guerra de Secessão norte-americana, sabia-se que a escravidão não perduraria muito tempo mais. A Lei do Ventre Livre, de 1871, tornava clara a necessidade de substituir aos poucos os negros escravos por trabalhadores brancos e livres. A abolição gradual da escravidão e a entrada de nova mão-de-obra tornam-se questões políticas centrais, com impacto sobre a constituição de uma nação moderna e civilizada nos trópicos.

A grande lavoura aumenta as pressões para que governos cuidem da imigração de trabalhadores europeus, cabendo assim ao Estado recrutar os trabalhadores, arcar com os custos da viagem e encaminhar essa mão-de-obra às fazendas de café. Deste modo, a imigração como substituta da mão-de-obra escrava foi necessidade específica dos cafezais.

A Sociedade Central de Imigração, que funcionou entre 1883 e 1891 no Rio de Janeiro, tinha como objetivo trazer imigrantes para a pequena propriedade, visando a transformar um país de latifúndio monocultor em uma sociedade com cultura múltipla e de pequena propriedade.

A Sociedade Promotora de Imigração, fundada por fazendeiros paulistas em 1886, tinha por finalidade trazer braços para a lavoura de café e recrutou cerca de 120 mil italianos até 1896. A subvenção deixa de ser exclusivamente do governo imperial e passa a ser também do governo provincial e da iniciativa privada; já em 1871 tinha sido fundada a Associação Auxiliadora da Colonização e Imigração para a Província de São Paulo.

Agentes a serviço de sociedades de imigração anunciavam, em várias cidades européias, o Brasil como terra da promissão. Recebendo uma porcentagem sobre o número de embarcados, essas figuras seduziam aqueles que, sem alternativas, embarcavam num sonho que muitas vezes se tornava um verdadeiro pesadelo.

Ao chegar, eram recebidos na hospedaria que abrigava os imigrantes até seu encaminhamento para as fazendas. A hospedaria funcionava também como mercado de trabalho, já que era onde os proprietários recrutavam mão-de-obra para as fazendas de café do Oeste paulista. No Rio de Janeiro havia a Hospedaria da Ilha das Flores.

A recepção do imigrante não foi sempre inspirada na melhoria da raça. Eduardo Prado, monarquista ilustre, por exemplo, em seu livro *A ilusão americana*, de 1893, ao analisar a massa operária nos Estados Unidos, observa ser ela composta de imigrantes que deixavam a antiga pátria. Se, para ele, é certo que os imigrantes representam uma seleção dos mais fortes, enérgicos e audazes, é também certo que não são confiáveis, já que quem não hesitou em abandonar a pátria de seu nascimento não teria escrúpulos em perturbar a pátria adotiva.

Tavares Bastos, intelectual liberal, partidário da modernização e do federalismo, pode ser tomado como defensor dos benefícios que a imigração poderia trazer ao Brasil. Em 1867 elabora um texto sobre a imigração, abordando a discussão entre escravidão e imigração, a ação do governo, a questão das terras e do imposto territorial, os núcleos coloniais, os contratos de parceria, a liberdade religiosa e o casamento civil. Defende a "livre exploração da terra por todos os seus habitantes", já que, para ele, "a emigração deixou de ser, como o êxodo dos hebreus, o exílio forçado para se tornar o mais eficaz instrumento da civilização do globo."

Após a Proclamação da República, o governo decreta que sejam considerados brasileiros todos os estrangeiros aqui residentes a 15 de novembro de 1889 e aqueles que tiverem residência no país por dois anos. A Constituição de 1891 garantia a nacionalização automática de qualquer estrangeiro que vivesse no Brasil que, num prazo de seis meses, não se declarasse contrário à nacionalização. A Constituição de 1891 passa o domínio das terras devolutas para os estados, e em 1894 os serviços de imigração e colonização também se tornam esfera de ação estadual.

O federalismo da República colocou a colonização e a imigração sob tutela dos estados, e São Paulo, com maiores recursos, pôde se beneficiar dessa política. São Paulo consegue subvencionar a imigração basicamente com o pagamento da passagem do imigrante. Nos anos de 1907 e 1908 o governo federal volta a agir na imigração, já que maioria dos demais Estados não o fazia.

O migrante que chega às cidades, especialmente no caso de São Paulo, vai participar da industrialização brasileira como industrial e como operário. A exploração e a falta de qualquer proteção ao trabalho, por sua vez, geram movimentos de resistência que se desenvolvem primeiro sob influência do anarquismo, e depois do comunismo. A preocupação com a defesa da "ordem" faz aprovar a Lei Adolfo Gordo, que permitia expulsar do Brasil os estrangeiros envolvidos em atividades subversivas e os criminosos.

Desde a década de 1910, após a Primeira Guerra Mundial, e durante os anos 20, são muitos os movimentos nacionalistas contrários à vinda de mais estrangeiros. O pensamento de Alberto Torres exerce um papel importante ao defender o trabalhador nacional que permanecia abandonado enquanto os governos se ocupavam em garantir a vinda do trabalhador estrangeiro. O imigrante se torna representante potencial do inimigo externo e passa a representar um perigo para a nação.

A vertente que vê problemas com o imigrante tem continuidade, como se pode observar em Artur Hehl Neiva, um dos mais importantes conhecedores da questão da imigração, e que iria pertencer aos quadros do governo Vargas. Para ele o imigrante é sempre alguém que, pelos mais variados motivos, não é feliz onde está, sendo sempre um desajustado, já que "ou tem ambições econômicas que não pode realizar no país de origem, ou é um perseguido político, ou possui convicções religiosas às quais não pode dar expansão".

Nos anos 30 a corrente migratória da Europa para a América já está declinante, e no Brasil começa a crescer a movimentação interna de populações, principalmente do nordeste para o centro-sul. Restrições à entrada de imigrantes aparecem nas Constituições de 1934 e de 1937. Passa-se à defesa do trabalhador nacional com a reserva de 2/3 dos empregos para os brasileiros. Os debates na Assembléia Nacional Constituinte em 1933 dão sinais dos novos tempos em que se discutem os limites à imigração no Brasil. A Constituição de 1934 estabelece um sistema de cotas de 2% sobre o total dos respectivos estrangeiros fixados no Brasil durante os últimos 50 anos, além de proibir sua concentração. Há inúmeras dificuldades para a implementação dessa política de cotas, entre elas a falta de informação estatística que a suporte.

A Constituição de 1937 não muda a de 1934 no que se refere ao controle da imigração: reserva ao governo federal o direito de limitar ou suspender a entrada de novos imigrantes e proíbe a formação de núcleos, assim como o ensino em língua estrangeira a menores, e a existência de jornais e revistas em língua estrangeira, a não ser com autorização do Ministério da Justiça. Em 1939 é criado o Conselho Nacional de Imigração, e elaborado novo projeto de lei de imigração. Oliveira Viana, um dos mais importantes ideólogos do Estado Novo, considera que o abrasileiramento deve ser política de governo. Observa ainda que se deve atentar para a "dosagem de elementos exóticos", e para isso há que se levar em conta as diferenças entre as etnias latinas e não-latinas, aqui incluídas as germânicas, as eslavas e, principalmente, as asiáticas (japonesas). Para ele os espanhóis e portugueses "não apresentam nenhum problema sério do ponto de vista da assimilação, sabendo-se que seus descendentes se mostram tão integrados na nossa comunidade nacional quanto os brasileiros de velha estirpe".

A campanha de nacionalização desenvolvida durante o Estado Novo atingiu principalmente as escolas alemãs, japonesas, polonesas e italianas. Atacou-se principalmente o ensino em outra língua, e as escolas foram também obrigadas a assumir a comemoração dos símbolos e datas nacionais brasileiras. A declaração de guerra do Brasil ao Eixo, em 1942, e a presença significativa de alemães, italianos e japoneses no território brasileiro, muitos deles acusados de serem partidários do nazismo e do fascismo, produzem perseguições "oficiais" a muitos imigrantes e a suas associações, incluindo o confisco de bens de pessoas desses países radicadas no Brasil. A Segunda Guerra e a perseguição aos judeus introduzem novas variáveis no debate sobre a entrada de estrangeiros no Brasil. A posição ambígua do governo brasileiro frente aos judeus vem sendo estudada e questionada em estudos contemporâneos.

Em datas mais recentes, o Brasil tem recebido novo tipo de imigrante: pessoas menos pobres, com nível educacional mais alto; desde portugueses que fugiam do serviço militar na África até angolanos fugindo da guerra civil. A partir dos anos 1990 chegam ao Brasil novos estrangeiros, mas agora como donos de empresas e técnicos de multinacionais que participaram do processo de privatização de empresas brasileiras. Por outro lado, nos anos 1980, o Brasil começa a "expulsar" os seus...

Quem são, quantos são?

Entre 1880 e 1915, cerca de 31 milhões de imigrantes chegaram às Américas. O primeiro destino dessas populações eram os Estados Unidos da América (21,4 milhões, 70%); em segundo lugar estava a Argentina, com 4,2 milhões, em terceiro o Brasil, com 2,9 milhões, e em quarto o Canadá, com 2,5 milhões. As regiões exportadoras de mão-de-obra eram os países europeus tradicionais: Inglaterra e Irlanda, com 10,4 milhões, Alemanha, com 2,2 milhões, países escandinavos, 1,5 milhão. As regiões do Sul e do Leste europeu somente se destacam como exportadoras de suas populações excedentes no final do século XIX. A Itália, que até 1880 tivera um contingente insignificante de emigrantes, exporta, entre 1881 e 1914, cerca de 7,7 milhões de trabalhadores. O início da Primeira Guerra detém essa tendência, que volta a subir nos anos 1920 mas diminui sensivelmente durante a década de 1930 e a Segunda Guerra Mundial.

Os dados sobre a imigração no Brasil são esparsos, pouco sistematizados e mesmo conflitantes. Os números dependem das fontes consultadas. Nas comemorações dos 500 anos do Brasil, o IBGE apresentou dados oficiais sobre a imigração no país, segundo a nacionalidade, de 1884 a 1939:

Nacionalidade	Total	%
Alemães	170.645	4,1
Espanhóis	581.718	13,99
Italianos	1.412.263	33,96
Japoneses	185.799	4,47
Portugueses	1.204.394	28,96
Sírios e turcos	98.962	2,38
Outros	504.936	12,14
Total	4.158.717	100

Segundo os dados sobre imigração até o fim da década de 1930, apresentados por Artur Hehl Neiva e J. Fernandes Carneiro, o Brasil teria recebido um total de 3.523.645 imigrantes, assim distribuídos:

Período	Total de imigrantes
1890 a 1900	1.205.703
1900 a 1910	649.898
1910 a 1920	821.522
1920 a 1930	846.522

Do total de imigrantes, são 1.156.472 (quase 1/3) italianos, 1.030.666 portugueses, 551.385 espanhóis, 112.593 alemães, 108.475 russos (não se sabe se entre os russos estão os judeus), 86.577 japoneses, 79.052 austríacos e 73.690 sírio-libaneses. Não se sabe ao certo quantos retornaram para os países de origem ou mudaram de destino e foram para outros países. Estima-se que a fixação seria de mais de 50% de permanência no Brasil.

Do total de imigrantes, 2.033.654 (57,7%) foram para São Paulo, sendo 694.489 italianos, 374.658 espanhóis, 362.156 portugueses, 85.103 japoneses, 50.507 alemães e 33.133 austríacos.

Mesmo que essas estatísticas sejam precárias, elas informam sobre um fenômeno que pode ser observado a olho nu por quem chega a São Paulo. Não é também por outra razão que a maioria das pesquisas sobre imigrantes e imigração toma São Paulo como caso de estudo.

Irei tratar em mais detalhe de alguns casos — os portugueses no Rio de Janeiro, os italianos em São Paulo, os espanhóis/galegos em Salvador. Foram esses os imigrantes "desejados", já que, pela proximidade de língua, de religião, de cultura, seriam mais facilmente assimilados, como desejava a cultura nacional. Estima-se que dos 5 milhões de imigrantes recebidos pelo Brasil entre 1850 e 1950, 75% eram formados por portugueses, espanhóis e italianos. Outros imigrantes também tiveram presença relativamente forte: os alemães, os sírios e libaneses, os judeus, os japoneses, entre outros. Na impossibilidade de tratar de cada um deles nos limites deste livro, indico, ao final do volume, textos relevantes que possam auxiliar no prosseguimento do estudo para aqueles que o desejarem. Minha suposição é que os casos aqui apresentados poderão fornecer os traços básicos do grupo em questão e também as linhas gerais do contato com a cultura brasileira.

Os portugueses no Rio de Janeiro

O Brasil foi o Eldorado para Portugal, seja porque possibilitou riqueza à metrópole, seja porque permitiu que os portugueses pudessem ultrapassar os limites territoriais da mãe pátria e vivessem fora dos controles da metrópole.

O escritor português Nuno Júdice assim se refere à importância do descobrimento para Portugal:

> O Brasil continua a ser uma espécie de terra da promissão no imaginário português. Isso está relacionado ao fato de ser ainda, no século XIX, uma terra de imigração. As casas ricas de Portugal são as casas dos brasileiros, sobretudo no norte de Portugal. Além do aspecto material, há outro, ligado à idéia do Brasil como possível refúgio, como na época da invasão de Portugal pelas tropas de Napoleão. O Brasil é um possível refúgio por causa da língua e da cultura.

Entre os estrangeiros que vieram viver no Brasil ao longo dos 500 anos de sua história, os portugueses que aqui chegaram após a Independência desfrutam de situação singular. São muito próximos dos brasileiros, irmãos mesmo, e ao mesmo tempo são distintos. Essa relação tão próxima e delicada entre brasileiros e portugueses se faz presente inclusive nas anedotas que marcam a tradição humorística dos brasileiros. Os portugueses são relativamente pouco estudados, predominando uma imagem de fraternidade entre os dois povos, separados pelo oceano e unidos pela língua e pelo contínuo fluxo migratório. É certo que os portugueses foram os colonizadores, representaram a presença européia, a civilização, numa terra de índios para a qual trouxeram negros e da qual fizeram um país de mestiços. Enfrentaram ondas de aceitação e de rejeição, pelo menos desde que os já nascidos na terra desenvolveram o projeto de autonomia frente à metrópole. Para alguns, a Independência, em 1822, não foi feita *contra* os portugueses, mas *com* os portugueses. O fato de a Independência brasileira ter sido realizada sob o controle da dinastia portuguesa acrescentou mesmo traços peculiares ao Brasil, como a manutenção do regime monárquico durante o século XIX, quando as demais ex-colônias espanholas se tornaram repúblicas.

Portugueses vinham para a Colônia e viravam portugueses do Brasil, independente de terem nascido lá ou cá. O Brasil era apenas uma região do

Império Colonial português. É no século XIX que se inicia a definição de uma nação independente, mas sempre com fronteiras muito fluidas entre Brasil e Portugal. Como nos diz a historiadora Gladys Sabina Ribeiro, esse foi um processo longo: o de transformar os portugueses de Portugal em simplesmente portugueses e os portugueses do Brasil em brasileiros. Muitos vinham ganhar a vida no Brasil, fazer fortuna, voltavam para buscar a família e aqui permaneciam, já que tinham alcançado um padrão de vida superior se comparado com a pobreza e falta de perspectivas em Portugal.

Os portugueses que vieram tentar a vida no Brasil no final do século XIX e início do XX se concentraram em atividades urbanas nas maiores cidades do país — entre elas o Rio de Janeiro e Salvador. Faziam parte de um enorme contingente que, fugindo das condições de penúria da Europa, veio "fazer a América" no Brasil, favorecido pelo traslado realizado por barcos a vapor que reduzia o tempo e o custo das viagens marítimas. Portugueses, espanhóis e italianos, por serem brancos, católicos e falantes de línguas próximas, podiam ser assimilados mais rapidamente e, como já mencionamos, correspondiam ao perfil do imigrante desejado. Sua chegada foi bem-vinda num momento em que a sociedade brasileira enfrentava ao mesmo tempo a carência de mão-de-obra e o desafio de se tornar uma sociedade moderna.

A proclamação da República e a virada do século fizeram a cultura portuguesa ser atacada, já que fora sobre ela que se tinham construído a sociedade e o Império nos trópicos. Foi inclusive a forte presença de portugueses já enriquecidos na propriedade de lojas comerciais e de imóveis de aluguel que propiciou um intenso sentimento popular antilusitano no Rio de Janeiro. Na última década do século XIX e nas duas primeiras do século XX aumentaram as tensões entre portugueses e brasileiros, e novas formas de rejeição passaram a ser inscritas no imaginário nacional. À antiga imagem do português, visto pela população brasileira como colonizador e explorador, acrescentava-se agora a de estrangeiro, monarquista e conspirador contra a República. O momento político da Revolta da Armada, em setembro de 1893, produziu mesmo o rompimento das relações diplomáticas entre Brasil e Portugal. Isso gerou uma onda de indignação popular contra Portugal, considerado inimigo da causa nacional republicana e, por extensão, do povo brasileiro. As diferentes percepções sobre o português podem ser observadas no romance *O cortiço* (1890), de Aluísio Azevedo, que apresenta os estereótipos sobre o português.

A imigração em massa na virada do século coincidiu com transformações econômicas e políticas no Brasil, com a Abolição e a proclamação da República. Essa leva de imigrantes trouxe para o Brasil pessoas pobres originárias do norte e nordeste de Portugal, vindas principalmente do Minho, de Douro e de Trás-os-Montes, assim como de áreas rurais da Espanha e da Itália. Enquanto os italianos espalharam-se pela lavoura cafeeira, os portugueses concentraram suas atividades no pequeno comércio urbano ou ingressaram nas fileiras da massa operária que se formava no Rio e em São Paulo. Nesse mesmo período outra corrente imigratória chega ao centro-sul, vinda do Nordeste, onde uma grande seca levava os agricultores a abandonar suas terras. Temos, assim, no Rio de Janeiro, a coexistência de três grupos que chegavam quase simultaneamente à cidade — libertos, nordestinos e estrangeiros —, ajudando a criar o cenário dos conflitos urbanos que tiveram lugar na cidade.

Os imigrantes europeus, longe de corresponder à visão idealizada de branco superior, tinham pouco conhecimento dos códigos urbanos, precária qualificação profissional e laços de família enfraquecidos, e vieram engrossar a população pobre que se reunia no Rio de Janeiro. A cidade estava vivendo um processo de transformação que envolvia a modernização urbana, a abertura de novas vias, e fazia parte do projeto de suas elites afastar os pobres e a população de cor que se acumulava nos cortiços do centro da cidade.

A história dos processos de expulsão permite acompanhar o que estava acontecendo com muitos dos estrangeiros que aqui chegavam. Entre os indivíduos pobres que chegavam ao Rio, destacam-se os portugueses que se somavam aos "indesejáveis", aqueles que só com sua presença ameaçavam a ordem. Alguns tornavam-se anarquistas, mas a maioria chegava à pobreza pela falta de qualquer perspectiva de vida. Os anarquistas, os militantes operários, ou os vadios, ladrões, vigaristas, jogadores, bêbados e mendigos compunham a massa urbana da capital, e eram vistos pelo discurso oficial como perigosos e capazes de contaminar o tecido social, levando à desordem urbana. Esse medo toma como base o levante conhecido como Revolta da Vacina, que alimentou e produziu uma política repressiva e profilática capaz de transformar o Rio em capital "civilizada". A participação de imigrantes estrangeiros, entre eles os portugueses, nos conflitos urbanos leva à aplicação da legislação criada especialmente para permitir o banimento de agitadores estrangeiros que "contaminavam" o proletariado brasileiro.

Entre os portugueses pobres que aqui chegaram, constituiu-se uma categoria comum à época: os caixeirinhos portugueses ou galegos que, jovens, chegavam à cidade e, sem laços familiares, passavam a trabalhar, dormir, viver nos locais de trabalho. Diante das condições adversas de vida, tornam-se agregados. Quando perdiam o emprego, perdiam tudo. Nesse caso passavam a se somar à massa de jovens fora da lei. São mais conhecidos os casos de sucesso do imigrante, como o dos fundadores da Confeitaria Colombo, mas os casos de fracasso são pouco estudados.

Os portugueses pobres que chegavam ao Brasil e ao Rio de Janeiro, por serem brancos e europeus, eram preferidos aos trabalhadores nacionais, negros e mulatos. O discurso da irmandade entre portugueses e brasileiros facilitou esse intercâmbio, ao mesmo tempo em que os portugueses puderam se integrar na discriminação à chamada população de "cor". Eram trabalhadores e se opunham aos nacionais, considerados preguiçosos. Tinham sido os exploradores, agora eram também explorados. Os preconceitos iam sendo construídos: eram vistos como sovinas, que atrapalhavam o progresso pela maneira tradicional, familiar, com que lidavam com seus negócios e seus empregados nascidos aqui.

Entre 1830 e 1930, cerca de um milhão de portugueses migraram para o Brasil. Considerando que a população portuguesa em 1911 era de 5.960.056 habitantes, e em 1920 de 6.032.991 habitantes, podemos ter uma idéia do significado, em Portugal, dessa saída. Entre 1919 e 1930, o total de emigrantes portugueses com destino ao Brasil era de 337.723. O censo de 1920 apontou 433.577 portugueses residentes no Brasil. Esse número seria maior, não fosse a lei de naturalização de 1891. Depois de um período de certa estagnação, a corrente imigratória volta a crescer. De 1950 até 1963, do total de imigrantes recebido pelo Brasil, 40% eram portugueses.

Durante o século XIX, muitos portugueses se ocuparam em manter a identidade cultural e defender os interesses de toda a colônia. Isso levou uma elite a organizar associações, clubes e sociedades de assistência, fundar jornais e patrocinar obras literárias que defendessem o ponto de vista da colônia. Entre as instituições fundadas e sustentadas pelos portugueses bem financeiramente estão o Real Gabinete Português de Leitura (1837), a Beneficência Portuguesa (1840), a Caixa de Socorros de Dom Pedro V (1863) e o Liceu Literário Português (1868).

Os movimentos nacionalistas e contra estrangeiros que se desenvolvem após a Primeira Guerra Mundial acentuam os estereótipos do português como bronco, analfabeto e adulterador de pesos e medidas. Isto se acentua especialmente nos momentos de crise social no Brasil. O controle sobre atividades comerciais o faz ser também identificado como imigrante indesejável, já que, em vez de se dirigir para o campo e cultivar a terra, ficava nas cidades especulando com os gêneros alimentícios, alugando habitações a preços exorbitantes e praticando a agiotagem. Como imagem positiva contraposta encontra-se a de ser trabalhador, obediente, respeitador das autoridades.

Assim, os portugueses sofreram toda sorte de preconceito, principalmente aquele que se dirigia contra o imigrante pobre. Nos dias de hoje ainda encontramos uma presença maciça de portugueses como donos de padaria no Rio de Janeiro. Seus empregados, balconistas, são em sua maioria nordestinos que vieram substituir o imigrante pobre nessa atividade de baixo status.

Em tempos mais recentes o preconceito se atenua, já que a direção da imigração se inverte e são muitos os brasileiros que vão para Portugal e que, por outro lado, os portugueses que aqui chegam são, em sua maioria, pessoas com maior grau de instrução e qualificação. Muitos vêm ocupar altos postos em empresas multinacionais.

Foi no espaço doméstico que se preservaram muitas das raízes portuguesas — a imagem de Nossa Senhora de Fátima, o galo de Barcelos, a aldeia lembrada em quadros ou em pratos de parede. O imigrante bem-sucedido vai introduzir melhoramentos em sua aldeia mas, ao voltar à terra, é chamado de "brasileiro". A proximidade de língua, de religião, de tipo físico e até de nomes facilita a integração dos portugueses no Brasil, ainda que laços culturais com Portugal se mantenham. Constituem o caso mais nítido de duplo pertencimento na geração que imigrou: em Portugal são "brasileiros", no Brasil são ainda "portugueses".

Os italianos em São Paulo

O aumento da importância do papel de São Paulo e dos paulistas na história brasileira tem lugar nos primeiros anos do século XX. Esse é também o momento de desenvolvimento econômico advindo da cafeicultura e do fantástico crescimento da cidade de São Paulo. A população da região e da cidade se tornava mais diversificada pela chegada de estrangeiros e pela constituição de novas camadas sociais. É exatamente nesse contexto que se reconstrói uma narrativa histórica estabelecendo uma suposta estirpe aristocrática paulista. Ela reserva ao branco português mestiçado com o indígena — o bandeirante — um papel central na condução do processo colonizador. É construída uma imagem de uma sociedade maleável com uma cultura dinâmica, nascida da mescla entre o português e o indígena, berço da aventura do bandeirante, que seria também capaz de integrar o imigrante. Com isso, buscava-se reconciliar pobres e ricos, brasileiros e estrangeiros, passado e presente, tradição e modernidade. Assim, será no momento em que a população da região apresenta mais diversificação étnica e social (imigração estrangeira, surgimento do operariado) que se procura assegurar o primado da suposta aristocracia paulista sobre os grupos recém-chegados à vida na cidade.

Nos anos 20, apogeu do culto ao moderno em São Paulo, apareciam juntos bandeirantes, caipiras e caboclos descendentes de índios e "novos mamelucos" — os "estrangeiros paulistanizados", na expressão do escritor Alcântara Machado. O negro foi sempre o grande excluído desse painel paulista de época. Tanto os modernistas paulistas quanto os italianos de São Paulo viviam a confiança e o entusiasmo que o fantástico crescimento urbano possibilitava. Muitos italianos encontraram em São Paulo o espaço para fazer desde um pequeno pecúlio até as grandes fortunas de um Matarazzo ou de um Crespi.

O italiano que chegou a São Paulo nesse período vinha em sua maioria do Sul da Itália — Cosenza, Salerno, Potenza —, região onde predominava a agricultura camponesa. Deixou o lugar de origem não por revolta contra as condições de vida, e sim porque a "má sorte" o perseguia e ele fora obrigado a tentar a vida em outra terra. Aqui chegando para substituir o negro, é considerado pela sociedade que o recebe como qualitativamente superior, por ser branco e católico, ainda que pertencesse às camadas mais baixas da sociedade de origem, devido à sua condição de camponês, de trabalhador braçal. Ocupar uma posição subalterna não surpreende o imigrante, já que era essa a condição que conhecia no seu lugar de origem. Importado para substituir o braço escravo, o italiano veio trabalhar como assalariado nas fazendas de café.

Os primeiros imigrantes tiveram que enfrentar condições de trabalho muito duras e difíceis. O endividamento pela viagem e a mentalidade escravista de muitos proprietários de terra chegou a levar o governo italiano a proibir a vinda de novas levas de imigrantes para o Brasil. Muitos, não tendo espaço nem lugar para se tornarem proprietários de terras, se dirigem para a cidade, onde encontram patrícios que já tinham percorrido o caminho para o mundo urbano. Na cidade procuravam ocupar atividades que pudessem garantir rendimentos econômicos para realizar o sonho de voltar para a comunidade de origem — jornaleiro, garrafeiro, comerciante de peixes, verduras e cereais. Eram atividades que podiam ser realizadas por pessoas sem nenhuma qualificação, com pouco capital e mesmo por aqueles que falavam apenas um dialeto.

Os imigrantes encontram aqui um campo novo e praticamente sem concorrentes. O rápido desenvolvimento da cidade criava a demanda por esses serviços. E eles souberam aproveitar o novo espaço, fazendo uso da rede de relações que tinham ou que criavam. Daí que as relações pessoais, familiares, entre membros originários da mesma aldeia era fundamental. Muitos se agrupavam, se ajudavam e mesmo recriavam a sociedade de sua aldeia de origem.

A presença maciça de italianos na cidade gera sentimentos contraditórios, já que muitos brasileiros passam a se sentir vivendo em uma cidade italiana. Em São Paulo desenvolveu-se uma imagem preconceituosa dos italianos — a figura do *carcamano* —, que destaca a suposta ignorância, falta de polidez e de honestidade do imigrante. As colônias deram origem aos bairros italianos de São Paulo, como Brás, Bexiga, Bom Retiro, Barra Funda, Belenzinho. Em muitos terrenos baratos como os vales insalubres do rio Tietê e Tamanduateí, mas servidos por ramais de estrada de ferro, foram instaladas fábricas e seus bairros operários, onde se acomodaram muitos imigrantes.

A comunidade de origem rural se reorganizava nos bairros onde encontrava proteção para os momentos difíceis da chegada. As festas do santo protetor indicam os lugares de origem. No Bexiga a festa era de Nossa Senhora de Acheropita, venerada em Rossano, Calábria, na província de Cosenza. No Brás o festejado é São Vito Mártir, venerado pelos originários de Polignano a Mare. O importante livro de contos de Alcântara Machado *Brás, Bexiga e Barra Funda* apresenta retratos, flagrantes da vida humilde dos imigrantes italianos no período de 1900 a 1920.

As atividades urbanas de alfaiate, sapateiro, pedreiro, escultor, jornaleiro, vendedor de gêneros alimentícios estão entre aquelas de que os italianos souberam lançar mão no momento de expansão da cidade. Alguns depoimentos nos permitem tomar conhecimento das vivências desses imigrantes de diferentes aldeias da península italiana ao chegar a São Paulo:

L. de B. chegou a São Paulo em 1899 com a família. O pai e um irmão começaram a vender peixe, outro irmão tornou-se garrafeiro (...) O pai falou com um amigo jornaleiro, que o tomou ao seu serviço; de manhã o patrão lhe dava um certo número de exemplares para vender e pagava-lhe um tanto por dia. Depois de algum tempo, começou a trabalhar por conta própria, não tinha freguesia fixa, limitava-se a vender no centro. Em 1936 formou a primeira banca na praça da Sé e com ele trabalhava o filho mais velho (L. de B. casara em 1912). Agora que a circulação de jornais e revistas aumentou muito, a banca fica aberta dia e noite e, além do filho, mais dois empregados ali trabalham.

L. chegou a São Paulo em 1893 com 20 anos. Comprou uma carroça e a clientela do irmão, estabelecido em São Paulo desde 1890, e começou a vender verduras. Em 1900 cedeu a sua clientela e passou a viajar pelo interior como mascate; sendo seu itinerário São Paulo, Jundiaí, Campinas, Cravinhos, Ribeirão Preto, Batatais. Vendia ou trocava mercadorias, conforme o caso. De volta a São Paulo, deixava os sacos de cereais na estação, levando consigo apenas uma amostra da mercadoria. Quando percebeu que o comércio de cereais era mais rendoso alugou uma "porta" na rua Santa Rosa e dedicou-se completamente a isso.

A passagem de comerciante de cereais varejista a atacadista era sinal de melhoria de vida do imigrante, e isto só se tornava possível pela prática comum entre os membros do grupo de confiar as economias àqueles conterrâneos que tivessem maior prestígio. Estes passam a ser depositários das economias de seus patrícios, o que lhes dava acesso a somas muito superiores às suas próprias economias. O comerciante de cereais, por sua posição econômica, passava a exercer outras funções que lhe aumentavam o prestígio no grupo.

As festas dos padroeiros ofereciam a oportunidade para o grupo reforçar seus laços internos e marcar sua posição na comunidade maior.

> Em 1927 nosso pai alcançou o ápice da sua carreira de atacadista de cereais e nesse mesmo ano comprou um palacete perto da Avenida Paulista. Na nova casa era proibido falar dialeto: "todos", dizia meu pai, "devem falar a língua de Dante". Até os seus velhos amigos que iam visitá-lo em casa deviam falar italiano; no escritório, ao contrário, o dialeto era ainda permitido. Essa sua mania causou-lhe muitas inimizades e dentro de poucos anos encontrou-se isolado, tanto que, depois do casamento dos seus filhos (em geral com descendentes de italianos do Norte, "gente fina"), voltou a residir no Brás.

A mudança de língua é sentida como necessidade para afirmar a mudança de status. O uso do dialeto, aos olhos da classe média italiana, permanece como traço das camadas mais incultas e pobres da população. O casamento entre italianos do norte e do sul também desencoraja o uso do dialeto em família, já que o italiano do norte se considera superior. Os italianos que aqui chegavam constituíam um grupo heterogêneo. A unificação italiana era muito recente e ainda não produzira uma identidade nacional; o que prevalecia não era a Itália, nem mesmo a província, mas sim a aldeia, o povoado. Assim, nem a língua os unia, já que falavam muitos dialetos. Em contato com a terra brasileira, os costumes camponeses ou aldeões são abandonados, de início, em nome de uma cultura italiana, e não a favor da cultura local, e isso porque a idéia de voltar um dia à pátria levava os imigrantes a tentar subir na consideração de seus compatriotas. Conhecer o italiano passou a ser necessário toda vez que o imigrante precisava entrar em contato com autoridades políticas e consulares italianas. Durante o governo fascista de Mussolini, essa relação foi fortalecida, já que pela primeira vez o governo começa a apoiar os italianos que viviam no exterior, e muitos da colônia se tornam ou se dizem fascistas.

Ser trabalhador braçal e desprestigiado no Brasil faz o imigrante desenvolver uma consciência étnica em nome da qual descobre que é italiano. É importante

1. Desembarque de imigrantes no porto de Santos, c.1907. Santos foi a principal via de entrada de imigrantes no Brasil, vindos de diversas partes do mundo.

2. Desembarque de imigrantes na estação ferroviária da Hospedaria dos Imigrantes, onde permaneciam até serem encaminhados aos novos trabalhos, c.1907.

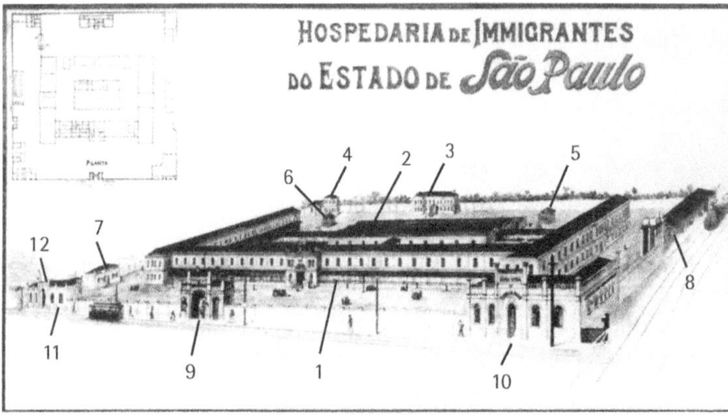

3. Vista geral do Departamento de Imigração e Colonização, antes de 1911: (1) Edifício central: Administração e dormitórios, (2) Refeitório e cozinha, (3) Enfermaria, (4) Hospital, (5) Depósito de frutas, (6) Sanitários, (7) Triagem médica, (8) Estação e bagageiro, (9) Portão principal, (10) Agência oficial de colocação, (11) Agência postal, telégrafo e câmbio, (12) Portão da rua Almeida Lima.

4. A lavoura de café foi, até o final dos anos 20, o principal destino dos imigrantes. Interessado na mão-de-obra abundante e barata, o governo incentivava essa vinda através de propagandas como esse cartão postal, divulgado na Europa, s/d.

5. Operários de uma das indústrias Matarazzo, c.1910. O crescimento das atividades industriais permitiu que os imigrantes passassem a integrar a massa operária brasileira.

6. Getúlio Vargas em visita à Hospedaria de Imigrantes, 1940. Durante o Estado Novo, cresceu o controle do governo sobre a entrada de imigrantes no país.

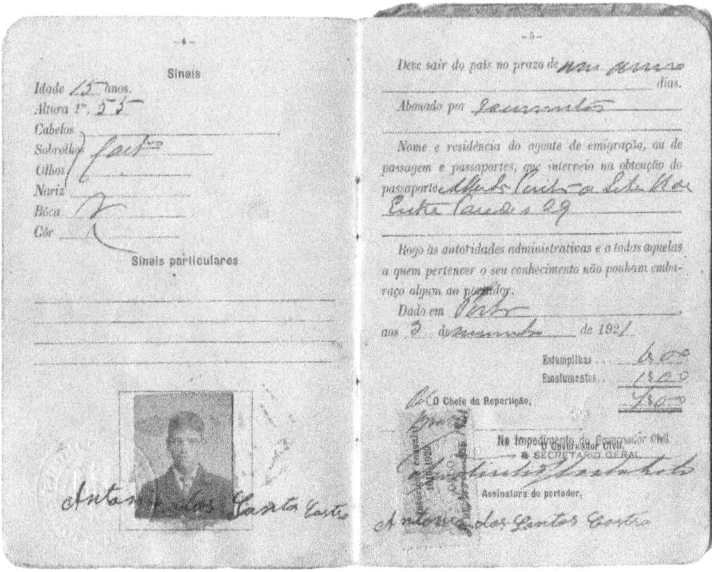

-4-

Sinais

Idade 15 anos.

Altura 1m,55

Cabelos

Sobrolhas

Olhos

Nariz

Bôca

Côr

Sinais particulares

Antonio dos Santos Castro

-5-

Deve sair do país no prazo de um anno dias.

Abonado por

Nome e residência do agente de emigração, ou de passagem e passaportes, que interveio na obtenção do passaporte

Rogo às autoridades administrativas e a todas aquelas a quem pertencer o seu conhecimento não ponham embaraço algum ao portador.

Dado em Porto

aos 3 de novembro de 1921

Estampilhas

Emolumentos

O Chefe da Repartição,

No impedimento do Governador Civil

O SECRETÁRIO GERAL

Assinatura do portador,

Antonio dos Santos Castro

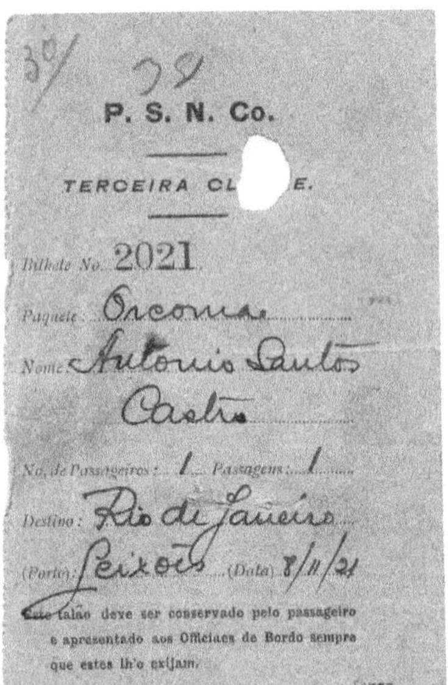

P. S. N. Co.

TERCEIRA CL E.

Bilhete No. 2021

Paquete Orcoma

Nome: Antonio Santos Castro

No. de Passageiros: 1 Passagens: 1

Destino: Rio de Janeiro

(Porto): Leixões (Data) 8/11/21

Este talão deve ser conservado pelo passageiro e apresentado aos Officiaes de Bordo sempre que estes lh'o exijam.

OVER

7 e 8. Passaporte e passagem de navio de 3ª classe de Antonio dos Santos Castro, imigrante português de 15 anos que embarcou na cidade do Porto para o Rio de Janeiro em 8 de novembro de 1921.

destacar que o imigrante aqui se torna italiano no processo de construção da cidade de São Paulo e de uma classe média urbana.

Os italianos são representados por inúmeras obras de literatura como aquele imigrante capaz de ser rapidamente integrado à cultura brasileira — os pobres poderão se tornar ricos através do trabalho, os ricos serão aceitos através do casamento com famílias tradicionais empobrecidas —, ainda que seja criticada a agressividade e petulância típica do imigrante em ascensão. Por outro lado, a integração já existente dos italianos à vida da cidade torna menor a perseguição a esses imigrantes durante a Segunda Guerra, se comparada aos alemães e japoneses. Durante a guerra e quando o Brasil entra no conflito, os italianos, principalmente aqueles que tinham aderido aos sonhos grandiosos de Mussolini, passaram a sofrer agressões anteriormente desconhecidas. Italianos, mas principalmente alemães e japoneses, passaram a ser chamados de "quinta-coluna", ou seja, aqueles que ajudavam aos exércitos do Eixo (Alemanha, Itália e Japão).

Se a inserção na sociedade paulista foi possível por vários caminhos, a identificação com a sociedade maior só se dará, de fato, para aqueles que ultrapassam o grupo social mais restrito, e principalmente para aqueles que chegam à universidade. O êxito econômico obtido pelos primeiros imigrantes, na maioria analfabetos, contribui para diminuir aos seus olhos e aos olhos dos filhos o valor da instrução em geral. O êxito econômico levava o imigrante a abandonar a aspiração de "fazer do filho um doutor" e a desejar, em vez disso, que os filhos continuassem a trabalhar com ele, ou pelo menos no campo que o tornou rico. O sucesso obtido pelo exercício de ofícios humildes no passado reabilitava os próprios ofícios aos seus olhos.

Os italianos participaram do processo de industrialização de São Paulo. Formaram boa parcela da mão-de-obra; alguns criaram pequenas fábricas familiares; outros se dedicaram à importação-exportação associando essa atividade às fábricas; reinvestiram os lucros da exportação nas indústrias; abriram casas bancárias, beneficiando-se dos recursos que os patrícios desejavam enviar para as famílias na Itália; empregaram seus patrícios em suas empresas. Os industriais italianos, entretanto, se solidarizaram com os paulistas na defesa de seus interesses frente às greves. As profundas diferenças sociais que marcavam a colônia italiana se faziam presentes toda vez que interesses econômicos estavam em jogo. Tais interesses acabavam por sobrepujar uma identidade nacional italiana.

A presença dos descendentes italianos na vida de São Paulo é incomensurável. Ela se expressa no futebol, campo em que fundaram os primeiros clubes populares, Corinthians e Palestra Itália, hoje Sociedade Esportiva Palmeiras; no jornalismo e na indústria de comunicação; nas profissões liberais; na indústria, quer como empresários, quer como operários e líderes sindicais. Considerados herdeiros de uma forte cultura musical e artística, os italianos se fizeram presentes no teatro operário e burguês, no cinema, na arquitetura, na caricatura. E, por fim e não menos importante, na culinária e no sotaque paulistano.

Os galegos em Salvador

Conscientes de que o Brasil nasceu na Bahia, orgulhosos de terem sido os consolidadores da independência (o fim da luta pela independência aconteceu na Bahia em 1823, determinando o feriado de 2 de julho), os baianos viveram as glórias do passado colonial expressas nas igrejas barrocas, na arquitetura fantástica de Salvador — uma Lisboa nos trópicos — como sua primeira capital.

A descoberta das minas e a transferência da capital para o Rio de Janeiro em meados do século XVIII apontam para um processo de perda de importância econômica e política que se acentua principalmente com a chegada da família real em 1808. Sua importância econômica diminui mas a política ainda permanece.

As grandes famílias baianas constituíram uma primeira nobreza na colônia e geraram uma marca profundamente elitista da sociedade brasileira. A força simbólica do comportamento aristocrático permanece independentemente da decadência da vida econômica. Terra do bacharelismo, caracterizado como figura cujo saber de fachada, sem finalidades práticas, marcava a vida social. A figura do deputado baiano aparece no anedotário nacional como um dos tipos caraterísticos do brasileiro. A maior figura da baianidade culta foi e é Rui Barbosa (1849-1923).

Por outro lado, a enorme presença de negros e mestiços em sua população e a manutenção de traços culturais africanos (candomblé, capoeira, comida, música) definem um perfil da cultura popular que vai aos poucos ganhando espaço como ingrediente básico da cultura nacional. Não por acaso é na Bahia, profundamente impregnada de preconceitos raciais, que se desenvolve a Escola Baiana de Medicina, com Nina Rodrigues à frente, absorvendo da Europa a ciência racialista que classifica os povos a partir de traços raciais!

É também na Bahia, pela obra de Jorge Amado, que se reconstrói nova versão da mistura das três raças originais e se produz a imagem do paraíso racial. Os personagens de seus romances, na maioria figuras populares, mestiças, falam da alegria, da sensualidade, da sexualidade, do sincretismo religioso. Jorge Amado, entre outros, pode ser tomado como romancista, como intelectual, que produziu uma mudança de sinal na interpretação dos traços da cultura baiana.

Desde os anos 30 inúmeros acadêmicos norte-americanos e franceses vieram ao Brasil e a Salvador para estudar as condições de convivência entre brancos e negros. Era a democracia racial confirmada por esses novos viajantes do século XX.

O imaginário do paraíso racial, entretanto, enfrenta dilemas que até hoje se fazem presentes, valendo lembrar a música de Caetano Veloso composta após observar a "massa de pretos" ser espancada pela polícia militar, também composta por "pretos", durante um show no Pelourinho. A revista *Veja* de 2.6.99, por exemplo, apresenta matéria comentando a segregação do carnaval baiano:

> À primeira vista, o Carnaval de Salvador parece um exemplo de democracia racial e alegre convivência entre pessoas de todas as raças e classes sociais (...) Basta observar a festa na rua (...) para ver que, ali, a democracia racial não é tão grande como se imagina. Há blocos só de brancos, outros apenas para a classe média alta e ainda aqueles restritos aos negros. O tradicional bloco afro Ilê-Aiyê, por exemplo, não aceita brancos. (...) "O Carnaval reflete o racismo que está encravado na sociedade baiana" diz o antropólogo Antônio Risério.

É nesse mar de muitos negros e mestiços e brancos "nobres" que aportam outras figuras: portugueses, italianos, judeus e espanhóis. A maioria desses imigrantes se entranhou na vida da cidade e do estado e se dedicou a atividades comerciais. A imigração de espanhóis para a Bahia apresenta traços interessantes, na medida em que é uma imigração que não se dirige para o eixo Rio/São Paulo e para o Sul do país. Eles provinham em sua maioria de uma região da Espanha — a Galiza. Região pobre, colonizada, sufocada pelos governos de Madri, a Galiza não apresentava perspectiva para seus habitantes. Isolados, pobres, os camponeses galegos emigram primeiro para outras regiões da Espanha e para Portugal. É uma emigração temporária, já que a proximidade permite a volta tão logo os "ventos melhorem".

No final do século XIX começam a emigração para a América, atraídos pelo sonho de enriquecimento. Vieram principalmente para Argentina, Cuba, Brasil, México, Uruguai e Venezuela, e se localizaram nas áreas urbanas; cerca de 20% dos galegos que deixaram a Espanha vieram para o Brasil, destino mais procurado depois da Argentina e da Venezuela. Entre 1891 e 1915 a Galiza disputou com a Irlanda o primeiro lugar entre as regiões européias de maior emigração. O sistema de herança na Galiza fazia com que só um dos filhos herdasse a propriedade e, diante da falta de condições econômicas para desenvolver outras atividades, só cabia aos deserdados um destino: a emigração. Desenvolve-se uma imagem do galego como viajante, desbravador...

O número de imigrantes na população de Salvador é inexpressivo, não mais de 1% da população. O que chama a atenção é o deslocamento e a concentração da população originária de uma mesma microrregião. Entre os espanhóis de Salvador há predomínio de galegos, e quase 60% saíram do porto de Vigo. É difícil saber o local de origem dos imigrantes mais antigos, já que os registros só indicam a nacionalidade e o porto de saída, mas foi basicamente uma imigração masculina, originária da província de Pontevedra (área camponesa, pobre e de larga tradição emigratória). Os homens que emigravam, os deserdados, quando alcançavam alguma posição, mandavam buscar mulheres na Galiza para se casar ou voltavam à Galiza para o casamento, o que permitia renovar os vínculos com a terra natal. As relações com mulheres negras existiam, mas quase nunca produziam laços estáveis através de casamento.

A escolha de Salvador como porto de destino teria se dado através do contato dos galegos com Portugal (principal destino dessa população até 1830) e com portugueses já estabelecidos na Bahia. O êxito alcançado pelos primeiros galegos que haviam chegado à cidade incentiva o fluxo imigratório. Os novos imigrantes galegos chegam na nova terra e vão trabalhar no comércio de seus patrícios: secos e molhados, padarias, pastelarias. Chegam sozinhos, com passagem financiada por parente ou patrício, poucos bens, sujeitos a inspeção alfandegária, com dificuldades de comunicação e receio de deportação (principalmente no período de repressão aos anarquistas).

Na Bahia ou em outra parte do Brasil, não importa, muitos deles têm o primeiro contato com negros. Segundo a escritora Nélida Piñon, ela mesma uma galega, "os negros estão ali, como uma aparição espantosa, expressando a descoberta de que o seu mundo, até então conhecido, antagonizava em aberto a tudo que passava a conhecer".

Os galegos trabalham no ramo de alimentos e bebidas, moram nos fundos do estabelecimento comercial, trabalham entre 12 e 16 horas por dia. Os estabelecimentos galegos se caracterizam pela presença de patrões, familiares, parentes, empregados, todos trabalhando juntos com o objetivo de vencer, de enriquecer. Predomina uma valorização exacerbada do trabalho, que envolve grande sacrifício e economia em função do fim a alcançar: vencer na vida e retornar rico.

Nos anos 1940 e durante a Segunda Guerra Mundial a posição dos espanhóis fica mais vulnerável. O Estado Novo está agindo contra "quistos" estrangeiros no Sul e a colônia espanhola na Bahia acentua seu lado "oficial", procurando mostrar às autoridades que apóia o governo.

O projeto do emigrante galego pode ser sintetizado na meta: voltar vitorioso. Para isso desenvolve uma forte associação entre capital e trabalho. Método: muito trabalho, muito sacrifício com condições subumanas de sobrevivência. Estabelecem novos padrões de trabalho, diferentes dos da terra de origem, que era baseado em relações comunais de uma sociedade camponesa onde trabalho está associado a festa. A valorização exacerbada do trabalho, a dedicação e entrega completa ao trabalho, a defesa de cada milímetro alcançado para ampliação de seus negócios marcam o comportamento do galego na nova terra. Para alcançar seus objetivos, acabam por fazer uso tanto de procedimentos legais quanto de ilegais. E desse modo a trapaça passa a ser marca da representação da atuação dos galegos no comércio de Salvador, assim como dos portugueses no Rio e dos italianos em São Paulo!

O capital acumulado pelo grupo é investido nas casas comerciais, em propriedades urbanas em Salvador e em propriedades na Galiza. A ascensão social, entretanto, é dificultada pela discriminação que enfrentam. Em situação de crise de abastecimento são acusados pelo aumento do custo de vida. Os galegos são bode expiatório, como antes fora o português.

Têm língua enrolada, pior que os portugueses; são exploradores do povo da terra; sovinas, não gostam de gastar dinheiro nem para se vestir; vivem entre os pobres e como pobres, mas destes se afastam pelo preconceito; não querem se identificar com os negros, já que estes são cidadãos de segunda classe. Sofrem pressão muito grande. Galego passa a ser sinônimo de ignorante, bruto e sem higiene!

Waldir Freitas Oliveira, jornalista de Salvador, assim explica essa relação entre galegos e a população local:

> Não sei de baiano que haja nascido e vivido nesta cidade do Salvador (...) que não haja conhecido galegos. Ainda meninos ouvíamos falar mal deles e nos diziam que não mereciam confiança nos pesos e contas, elementos básicos do tipo de seu relacionamento com seus fregueses (...) estando, por isso, todos eles, sempre devendo aos galegos pelas compras feitas em suas vendas. Donde o hábito de falar mal dos galegos haver resultado de momentos de dificuldades maiores ou menores sentidas pelos seus devedores para pagar-lhes o devido.

Alguns não conseguem realizar o sonho de enriquecimento e voltam pobres. Outros triunfam e retornam vitoriosos! Outros, ainda, vencem mas ficam na nova sociedade. Permanecem galegos, mas já são também baianos. Retornam à Galiza não para ficar, mas para mostrar seu sucesso, rever seus parentes. Os que não voltam passam a ser "os galegos da Bahia", e os que retornam para a Espanha são os "brasileiros na Galiza".

Os galegos enfrentaram a resistência da sociedade que os recebia organizando campanhas pela imprensa, fazendo propaganda de estabelecimentos comerciais, anunciando a morte de figuras notáveis da comunidade, dando contribuições para o carnaval, criando clubes de futebol. E, principalmente, através de associações. Até recentemente, incorporavam a tendência assimilacionista da cultura brasileira; lutavam para vencer a posição de inferioridade; negavam a origem; tornavam o castelhano língua oficial; proclamavam-se espanhóis. Enquanto galego era expressão pejorativa, eles não queriam ser identificados como tal. Agora, isso não é mais assim e eles voltam a ser galegos.

Entre as associações criadas em Salvador uma das mais importantes foi a Real Sociedade Espanhola de Beneficência, criada em 1885. Em 1942 essa sociedade doou um avião para a formação de pilotos brasileiros no Aeroclube de Paraguaçu (SP), participando da campanha orquestrada por Assis Chateaubriand. O avião foi batizado de Santiago de Compostela. Durante a guerra o Hospital da Real Sociedade Espanhola de Beneficência da Bahia foi colocado à disposição das autoridades. Era importante apresentar a comunidade como perfeitamente integrada e radicada no meio brasileiro. Outra associação importante é o Centro Espanhol, criado em 1929 para cuidar do lazer, e que foi exclusivo para espanhóis até 1942. O Galícia Esporte Clube, criado também nos anos 30, foi campeão baiano em 1938 e aparece na memória coletiva como um dos clubes que primeiro incluiu negros entre seus jogadores. Mais recentemente, 1966, nova associação é criada, os Caballeros de Santiago, agora para congregar e difundir a cultura galega, separada e diferente da espanhola.

A Galiza foi sempre marcada pela emigração. Fala-se mesmo de uma "diáspora" galega e dessa população como marcada pela "morrinha", a recordação permanente da terra e de seus entes queridos (versão galega de saudade?). A língua passa a ser o instrumento definidor da identidade regional galega no processo de renascimento cultural que toma forma e dinamismo na América. Essa língua tão misteriosa, tão próxima do português de hoje e ao mesmo tempo tão distante. A fascinação por essa língua já "pegou" inúmeros brasileiros, inclusive o poeta baiano Godofredo Filho que com sua Musa Galega despertou muitos para a força da poesia galega e de seus nexos com o sertão. A similaridade da Galiza com o sertão, até pela sonoridade das palavras, permite inclusive a associação do galego com a produção de Guimarães Rosa!

Os novos imigrantes, assim como os descendentes dos anteriores, puderam participar do processo de transformação econômico por que passa Salvador. Nos primeiros anos do século XX, os galegos foram ocupando o comércio de secos e molhados, criando ligações com a comunidade local. Seus filhos foram estudar em colégios baianos e criaram-se elos com a sociedade. Nos anos 50, momento em que surgiram as primeiras iniciativas de implantação de supermercados, os armazéns galegos foram atingidos diretamente. Muitos galegos vão participar dessa nova forma de comercialização, outros vão mudar de ramo e armazéns se tornam restaurantes, lanchonetes e padarias mais equipadas. Eles participam das transformações por que passou a cidade, e, assim, deixam de ser um grupo grande e pobre para se tornar um grupo pequeno mas com presença significativa na economia baiana. O número de galegos diminui, mas sua visibilidade parece aumentar.

A construção e reconstrução da identidade galega, assim como sua diferenciação da comunidade espanhola, aquela constituída pela velha imigração, está em curso. Os galegos não querem permanecer identificados como imigrantes, expulsos de uma Espanha na qual a Galiza era uma das províncias mais pobres; querem, sim, ser vistos como partícipes da Espanha moderna. Será nesse novo contexto que os galegos encontrarão espaço para a valorização de sua cultura.

É preciso lembrar que a Galiza deixou de ser uma região pobre na Espanha e que a cidade de Santiago de Compostela passou a ter conotação altamente positiva, seja por transformações na própria Galiza, seja pela importância de Compostela no imaginário do fim do século XX, como se observa na divulgação das peregrinações em livros de sucesso como o de Paulo Coelho.

Santiago de Compostela e o Caminho de Santiago constituem, nos dias atuais, expressões culturais universalmente difundidas da identidade galega. O Caminho de Santiago, reconhecido pela Unesco como patrimônio da humanidade, é a rota que permitiu durante séculos o intercâmbio de idéias, de conhecimentos, que contribuíram para criar o espírito de cristandade na Europa. "Santiago de Compostela é certamente um dos lugares onde não só se recebe o impacto do mito, mas onde se pode também constatar sua verdade", disse o poeta brasileiro Murilo Mendes.

É nesse processo que os galegos deixam de ser os descendentes de imigrantes espanhóis pobres para se tornarem "os filhos de Santiago". Eles constituem um interessante caso da nova relação entre a globalização e a cultura local, que vem produzindo um interesse contínuo pela recuperação de traços regionais, levantamentos de histórias de famílias — valorização de um mundo de tradições que a modernidade julgava em fase de desaparecimento.

Os "menos próximos"

A assimilação foi a estratégia privilegiada, o critério, para a admissão de estrangeiros pelas autoridades governamentais e pela cultura brasileira na construção da nacionalidade no Brasil. Nesse sentido é que algumas etnias e nacionalidades foram privilegiadas em detrimento de outras. A cultura e, nela, a religião, foram ingredientes importantes na aceitação maior ou menor dos estrangeiros.

Os alemães, brancos mas protestantes, foram os primeiros a vir para o Brasil para viver em colônias. São Leopoldo, no Rio Grande do Sul, fundada em 1824, e Blumenau, Santa Catarina, em 1850, são exemplos dessa experiência implementada pela política imperial. O sul do Brasil também recebeu italianos, russos e poloneses na década de 1850. Vivendo em colônias, os alemães tinham pouco contato com a sociedade brasileira e puderam construir uma identidade própria — a germanidade. Formularam uma identidade étnica baseada em uma cultura que vinculava língua e espírito nacional. Criando organizações, fundando escolas, jornais e revistas, os alemães se transformaram em exemplo máximo de "enquistamento" e, nos anos 30, foram considerados uma ameaça ao futuro da nação brasileira. Acusados de representar a pátria germânica e a presença do nazismo em território nacional, os alemães, junto com os japoneses, foram, por assim dizer, assimilados à força.

De imigração mais recente, os japoneses vieram para o Brasil a partir de 1908, e representavam, na década de 40, uma população em torno de 190 mil, tendo 75% entrado no Brasil entre 1925 e 1935. Ou seja, constituem um grupo nascido no Japão e, enquanto tal, enfrentaram as medidas nacionalizadoras do governo brasileiro. A entrada do japonês, não-latino e não-branco, produziu inúmeros debates. Por um lado, sua presença foi vista como prejudicial ao branqueamento e à uniformização da raça. Por outro, eram aceitos e defendidos sob o argumento de que, embora muito distantes em língua, religião e tipo físico, e considerados de difícil assimilação, seriam capazes de contribuir com seu trabalho para o progresso do país. O Brasil possui a maior comunidade de japoneses fora do Japão, e seus integrantes foram responsáveis por inúmeras transformações na produção agrícola. Sua vinda era bem recebida, na medida em que eles vinham produzir riqueza na agricultura, e não engrossar o comércio nas cidades, atividade ocupada por sírio-libaneses e pelos judeus.

Os sírio-libaneses de religião católica tiveram experiência mais próxima à dos imigrantes italianos e espanhóis no Brasil. Vindos de países ou regiões distintas como Líbano, Síria, Turquia, Iraque, Egito e Palestina, os árabes que para o Brasil se dirigiram tinham, em sua maioria, vivido problemas de perseguição religiosa. O Líbano, por exemplo, fez parte do Império Otomano, de fé islâmica, até 1926, e sua população recebia passaporte turco ao emigrar. Essa situação os incomodava muito, já que os identificava com o opressor muçulmano. As diferenças religiosas do cristianismo oriental —

maronitas, ortodoxos, melquitas e coptas — se fizeram presentes nos imigrantes árabes que vieram para o Brasil e que se fixaram principalmente em São Paulo, no Rio de Janeiro e, em menor número, em Minas Gerais, Rio Grande do Sul e Bahia. Concentraram-se em determinados bairros e ruas, com lojas de tecidos a varejo e armarinhos, e se dedicaram a atividades de mascates, vendendo principalmente para populações do interior. Introduzindo novas práticas comerciais, considerados como criadores do "comércio popular" no Brasil, os mascates, os "turcos da prestação", substituíram os portugueses e italianos nessa atividade. Os imigrantes árabes se destacaram não só na atividade comercial, mas investiram também na escolaridade de seus filhos. Os campos da advocacia, medicina e engenharia foram privilegiados pela colônia árabe, assim como a política, muitos começando suas carreiras em cidades do interior.

Os judeus, ao contrário dos japoneses, eram classificados como brancos e assimiláveis e foram, de modo geral, bem aceitos. Segundo Artur Hehl Neiva, havia entre eles os indesejáveis — asquenazim da Europa central e oriental — e os aceitáveis — sefardim, de raízes ibéricas, muitos dos quais, como "cristãos-novos", participavam da formação brasileira desde os tempos coloniais.

Os dados sobre a entrada de judeus vêm sendo reconstruídos a partir de diversas fontes, já que a estatística oficial privilegia a nacionalidade. Estima-se a existência de 150 mil indivíduos classificados como judeus, somando-se os imigrantes e os aqui nascidos, sendo que 100 mil vivem em São Paulo e no Rio de Janeiro e 20 mil, no Rio Grande do Sul. Para além das diferenças internas entre sefardim e asquenazim, entre direita e esquerda, religiosos e laicos, sionistas e anti-sionistas, os judeus entraram no Brasil em pequeno e constante número.

Sua visibilidade na sociedade brasileira é, entretanto, muito maior que seu número. Para além das atividades urbanas, principalmente no comércio de confecções, os judeus se dedicaram a profissões liberais e intelectuais, dando continuidade à tradição de serem um povo de sábios. Essa tradição os ajuda a enfrentar o problema do anti-semitismo. Por outro lado, o preconceito ocidental de que o judeu é ávido por dinheiro como que o obriga a participar de causas nobres; lutando por valores mais altos, os judeus se destacam patrocinando atividades culturais e causas da humanidade. O anti-semitismo vigente na cultura das sociedades ocidentais existe no Brasil, mas não impossibilitou que os judeus se inserissem em diversos campos, entre eles o intelectual e o político, conseguindo diminuir, minimizar, os efeitos do preconceito. A cultura assimilacionista brasileira facilita sua inserção na vida social, inclusive com casamentos fora do grupo, ao mesmo tempo em que dificulta a manutenção de sua identidade singular.

Conclusão

Podemos supor que a imagem construída no Brasil sobre os imigrantes tem a ver com o contato concreto com os grupos que aqui chegaram e com as imagens existentes sobre essas etnias e nacionalidades na cultura das sociedades ocidentais. O Japão, por exemplo, já foi considerado a Inglaterra da Ásia, o "perigo amarelo" durante a Segunda Guerra Mundial, e o modelo do novo progresso capitalista. O imigrante japonês e seus descendentes no Brasil sofrem as conseqüências positivas ou negativas dessa oscilação de imagens e posições.

Os imigrantes estiveram na linha de frente da introdução, na cultura brasileira, de dois traços ou comportamentos dos mais relevantes. O primeiro tem a ver com a superação da barreira contra o trabalho braçal/manual, herança dos quase 400 anos de escravidão. O imigrante que aqui chegou como mão-de-obra assalariada participou do processo que permitiu convencer as pessoas de que deveriam vender sua força de trabalho, domesticar o tempo ao ritmo da indústria. Por outro lado o imigrante também acentuou a versão do trabalhador nacional como preguiçoso e incapaz, versão essa partilhada pela elite nacional. A capacidade de trabalho do imigrante e seu sucesso reforçam a crença da suposta preguiça dos brasileiros.

A segunda importante contribuição do imigrante foi produzir certa superação de barreiras contra a atividade comercial — o comércio visto como atividade de sanguessugas. A barreira contra a atividade comercial lucrativa tem longa história no Ocidente — assim como seu contraponto, a atividade comercial como civilizatória. A prática do imigrante — muito trabalho e ambição de ascensão social rápida — sempre forneceu aos nacionais base para discriminá-los. Para inúmeros imigrantes oriundos dos povos comerciantes do Mediterrâneo, principalmente judeus, sírios e libaneses, que aqui chegaram, "mascatear" foi atividade primeira ao chegar à nova terra. Ao vencer o preconceito contra o trabalho e o comércio, contribuíram para a implantação e desenvolvimento do capitalismo comercial no Brasil.

Estudos mostram que a rápida mobilidade social dos italianos no Brasil e na Argentina, diferentemente do que aconteceu nos Estados Unidos, tem a ver com o momento econômico no qual se deu a chegada desse grupo ao país. O mesmo aconteceu com os sírio-libaneses. Aqui havia ainda espaço para aquisição de propriedades agrícolas, comerciais e industriais. No caso norte-americano, outros grupos já tinham tomado a dianteira das atividades comerciais urbanas demandadas pelo capitalismo, e os italianos, por exemplo, permaneceram em empregos de baixo status nas cidades do leste. O fechamento do espaço empresarial e a existência de atividades que pagam bem, se comparadas com o lugar de origem, mesmo que desprestigiadas, levam o grupo imigrante a investir sua poupança no lugar de origem.

Estudos recentes sobre os brasileiros que emigraram para os Estados Unidos mostram como esse padrão se repete: muito trabalho — atividades desprestigiadas, salários razoáveis, se comparados com os no Brasil — e envio de dinheiro para movimentar o comércio e a construção civil em cidades como Governador Valadares (MG), por exemplo. Precisamos lembrar que o imigrante é desprestigiado na sociedade que o acolhe e que sofre também com o preconceito de quem fica, já que a emigração é sinal de pobreza antiga. Quando resulta em sucesso, no entanto, passa a ser sinal de prosperidade provinciana recém-adquirida!

Os imigrantes trouxeram regras de convívio social baseadas em laços familiares, e estas encontraram ampla acolhida no Brasil — se aceitarmos como princípio estruturante da sociedade brasileira o familismo, o paternalismo e o clientelismo, segundo as formulações de Gilberto Freyre. Inúmeros ditados conhecidos na sociedade brasileira expressam esses princípios: "Aos amigos tudo, aos inimigos a lei"; "Quem tem padrinho não morre pagão"; "Amigos de meus amigos, meus amigos são". O mundo cultural da maioria dos imigrantes — mediterrâneos, camponeses, pobres — não se diferenciava muito do que aqui encontraram.

Se a cultura dos imigrantes, longe de entrar em choque com a cultura brasileira, a ela se agregou, há que se observar que essa nova face da sociedade brasileira não alterou o preconceito nacional contra negros e mestiços, nem mesmo a mestiçagem em curso na sociedade brasileira. Se no início do século XX a elite desejava a imigração como caminho para embranquecer a população brasileira, agora, no ano 2000, pesquisa realizada pela Universidade Federal de Minas Gerais a partir do exame de DNA de uma amostra de 200 pessoas permite estimar que 45 dos 160 milhões de brasileiros (cerca de 28%) têm uma índia em sua ascendência, e 40 milhões (cerca de 25%) têm ancestral materno africano. Ou seja, 85 milhões de brasileiros, mais de 50% da população, seria considerada não-branca, segundo padrões classificatórios mais rígidos. Essa distribuição certamente tem a ver com a imigração, já que, não fosse ela, o peso da presença indígena e africana através da mestiçagem seria muito maior.

Durante o século XX, e principalmente na era Vargas, desenvolveu-se uma ideologia que privilegiava a assimilação e a mestiçagem. Desejava-se criar um tipo brasileiro — mestiço embranquecido pela presença do imigrante latino. Assim, aceitou-se o estrangeiro na medida em que havia a perspectiva de ele deixar de ser estrangeiro e poder se tornar, em poucas gerações e em primeiro lugar, brasileiro.

Essa história passada constitui um importante componente da cultura brasileira de hoje, como se pode ver com os brasileiros que emigram para os Estados Unidos, ou mesmo com os brasileiros descendentes de japoneses que voltam ao Japão. Agora, em tempos de globalização e de busca de raízes étnicas, muitos desejam que o Brasil deixe de se pensar como uma nação mestiça para ser considerada como multirracial, seguindo o exemplo norte-americano. Em qualquer caso, a releitura da experiência da imigração se torna fundamental!

Cronologia

1824 Fundação de São Leopoldo, Rio Grande do Sul

1836 Fundação da Colônia Nova Itália, Santa Catarina

1850 Fundação de Blumenau, Santa Catarina. Abolição do tráfico de escravos e aprovação de nova Lei de Terras

1860 Fundação de Brusque, Santa Catarina

1871 Lei do Ventre Livre. Criação da Associação Auxiliadora de Colonização e Imigração (SP)

1874 Chegada dos primeiros imigrantes italianos para a lavoura do café em São Paulo

1883 Começam a funcionar a Sociedade Central de Imigração e a Hospedaria da Ilha das Flores no Rio de Janeiro

1886 Fundada a Sociedade Promotora da Imigração (SP)

1888 Abolição da escravidão

1889

26 nov Decreto de naturalização de estrangeiros

1902 Decreto Prinetti do governo italiano, restringindo a viagem subsidiada de italianos para o Brasil

1907 Aprovada a Lei Adolfo Gordo, que permitia expulsar do Brasil os estrangeiros envolvidos em atividades subversivas e os criminosos

1908 Aporta em Santos o navio Kosato-Maru, com os primeiros imigrantes japoneses

1934 A Constituição reserva 2/3 dos empregos para os brasileiros e estabelece um sistema de cotas para recebimento de estrangeiros

1938 Criação do Conselho de Imigração e Colonização, que se torna Conselho Nacional de Imigração em 1939

1942 Decreto que permitiu o confisco de bens de pessoas físicas e jurídicas dos países do Eixo radicadas no Brasil

Referências e fontes

A descrição de von Martius (p.7-8) está em *Viagem ao Brasil*, (Rio de Janeiro, Imprensa Nacional, 1938, 3ª ed., p. 41-2). O relato da viagem de Francisco da Motta consta de depoimento de Marly Silva da Motta à autora.

Sobre a teoria do branqueamento foi consultado o artigo de Giralda Seyferth "Construindo a nação: hierarquias raciais e o papel do racismo na política de imigração e colonização" presente no livro organizado por Marcos Chor Maio e Ricardo Ventura Santos. *Raça, ciência e sociedade* (Rio de Janeiro, Fiocruz/CCBB, 1996).

Sobre impacto da viagem e da imigração foi consultado o texto de Boris Fausto. "Imigração: cortes e continuidades" publicado em *História da vida privada* (São Paulo, Companhia das Letras, 1998, vol.4).

A versão de Eduardo Prado (p.17) consta de seu livro *A ilusão americana* (São Paulo, Ibrasa, 1980, p.128) e a de Tavares Bastos, de *Os males do presente e as esperanças do futuro* (São Paulo, Companhia Editora Nacional, 1939, p.57).

O pensamento de Artur Hehl Neiva está em seus artigos "Evolução da política imigratória no Brasil" e "A imigração e a colonização no governo Vargas", publicados na revista *Cultura Política* (1941 e 1942), e no documento de seu arquivo depositado no CPDOC (AHN/NEIVA, A pi 00.00.00/26 fs).

O pensamento de Oliveira Viana sobre o tema pode ser visto no artigo "Imigração e colonização ontem e hoje", publicado em *Ensaios Inéditos* (São Paulo, Unicamp, 1993, p.383-5).

Na seção "Quem são, quantos são?, os dados sobre imigração para a América estão em Herbert S. Klein "A integração dos imigrantes italianos no Brasil, na Argentina e Estados Unidos" (*Novos Estudos Cebrap*, n.25, out/1989). Os dados oficiais sobre imigração para o Brasil foram retirados do livro *Brasil — 500 anos de povoamento* (Rio de Janeiro, IBGE, 2000, p.226). Os dados apresentados por Artur H. Neiva, referentes à entrada de imigrantes em São Paulo, estão nas páginas 100-1 do artigo "Imigração" de Maria Tereza Schorer Petrone, publicado em Boris Fausto (org.) *O Brasil republicano 2*. Col. História Geral da Civilização Brasileira (São Paulo, Difel, 1977, p.95-133).

Para a descrição da imigração portuguesa utilizei as fontes citadas em "Sugestões de Leitura". A citação de Nuno Júdice (p.25) foi retirada de uma entrevista ao caderno Mais!, *Folha de S. Paulo*, 7.5.2000.

Sobre o significado dos bairros italianos no universo paulista fiz uso do texto de Rubens Ricupero. "Alcântara Machado: testemunha da imigração" publicado na revista *Estudos Avançados* (vol.7, n.18, 1993, p.139-62).

Os depoimentos de imigrantes citados às páginas 38-9 foram retirados de Carlo Castaldi, "O ajustamento do imigrante à comunidade paulistana", publicado no livro *Mobilidade e trabalho: um estudo na cidade de São Paulo*, (CBPE/Inep, 1960, p. 300-1, 311-2 e 349).

Sobre galegos fiz uso de textos que estão mencionados na seção "Sugestões de Leitura".

O texto de Nélida Piñon é de seu livro *A república dos sonhos*, Rio de Janeiro, Francisco Alves, 1989.

O artigo de Waldir Freitas Oliveira mencionado na página 50, "Bahia galega", foi publicado no jornal *A Tarde* de 19.6.99.

Sobre alemães, japoneses, sírio-libaneses e judeus, ver "Sugestões de Leitura".

A mobilidade social italiana está estudada por Herbert Klein em "A integração dos imigrantes italianos no Brasil, na Argentina e nos Estados Unidos" (*Novos Estudos Cebrap*, n. 25, out/1989, p. 95-117).

A pesquisa sobre o DNA referida na página 62 foi mencionada por Elio Gaspari em *O Globo* de 16.4.2000. Sobre os brasileiros que emigraram para os Estados Unidos, consultei o livro organizado por Rossana Rocha Reis e Teresa Sales. *Cenas do Brasil migrante* (São Paulo, Boitempo, 1999).

Sugestões de leitura

• Para uma visão geral sobre a imigração, o leitor deve consultar o importante trabalho coordenado por Neide Patarra, *Emigração e imigração internacionais no Brasil contemporâneo* (São Paulo, FNUAP, 1995, assim como seu artigo "Dinâmica populacional e urbanização do Brasil: o período do pós-30", publicado no volume 4 do tomo III da Coleção História Geral da Civilização Brasileira (São Paulo, Difel, 1984). Boris Fausto é um dos mais importantes autores que vêm se dedicando ao assunto. O livro *Fazer a América* (São Paulo, Edusp, 1999), organizado por ele, e sua pesquisa *Historiografia da imigração para São Paulo* (São Paulo: Sumaré, 1991) oferecem um panorama contemporâneo sobre o assunto.

• Uma boa sugestão de leitura são os relatos de histórias familiares de imigrantes italianos, libaneses e judeus presentes nos livros *Anarquistas, graças a Deus,* de Zélia Gattai; *Nür na escuridão*, de Salim Miguel; e *Negócios e ócios*, de Boris Fausto. Ou em romances como A *república dos sonhos*, de Nélida Piñon.

• Sobre os portugueses há, relativamente, poucos trabalhos. O livro *Mata galegos: os portugueses e os conflitos de trabalho na República Velha*, de Gladys Ribeiro (São Paulo, Brasiliense, 1989) é muito bom. Entre os artigos, podemos citar "Em busca do eldorado: a emigração portuguesa para o Brasil (1890-1930)", de Jorge Luís dos Santos Alves, na revista de História *Dia-Logos* (UERJ, ano II, n.2. p.61-75); "Bastidores: um outro olhar sobre a imigração no Rio de Janeiro", de Lená Medeiros de Menezes, e "Portugueses no Brasil — imaginário social e táticas cotidianas (1880-1895)", de Maria Manuela R. de Souza Silva, ambos publicados em número especial da revista *Acervo,* do Arquivo Nacional (vol.10, n.2, jul/dez 1997), dedicado ao tema da imigração. Outro interessante texto é o de Antônio Liberac Cardoso Simões Pires, "Os portugueses capoeiras. Imigração, cultura e conflitos nacionais na cidade do Rio de Janeiro (1890-1937)", publicado no livro, coordenado por Glaucia Villas Bôas, *Territórios da língua portuguesa: culturas, sociedades, políticas* (Rio de Janeiro, UFRJ/FJB, 1998).

• Sobre italianos, os trabalhos de Zuleika Alvim "Imigrantes: a vida privada dos pobres do campo", publicado em *História da vida privada* (Nicolau Sevcenko (org.), São Paulo, Companhia das Letras, 1998, vol. 3), e *Brava gente! Os italianos em São Paulo: 1870-1920* (São Paulo, Brasiliense, 1986, 2ª ed.) apresentam o que há de mais relevante. Igualmente importante é o livro de Mário Carelli, *Carcamanos e comendadores: os italianos de São Paulo. Da realidade à ficção.* (São Paulo, Ática, 1988).

• Sobre espanhóis/galegos, podemos citar o livro de Herbert Klein *A imigração espanhola no Brasil* (São Paulo, Sumaré/Fapesp, 1994) como um dos mais importantes. Sobre o tema devem também ser consultados: Cláudio

Aguiar, *Os espanhóis no Brasil: contribuição ao estudo da imigração espanhola no Brasil* (Rio de Janeiro, Tempo Brasileiro, 1991) e André Gastanheira Gattaz, *Braços da resistência — uma história oral da imigração espanhola* (São Paulo, Xamã, 1996). Os galegos em Salvador foram estudados por Maria del Rosário Suárez Albán em *A imigração galega na Bahia* (Salvador, UFBa, 1983); por Jeferson Bacelar em *Negros e espanhóis: identidade e ideologia étnica em Salvador* (Salvador, UFBa, 1983) e em *Galegos no paraíso racial* (Salvador: Ianamá/ UFBa, 1994); e por Célia Maria Leal Braga em *Memória de imigrantes galegos* (Salvador, UFBa/Centro Editorial e Didático, 1995).

• Sobre os alemães no Brasil, o livro clássico é o de Emilio Willems, *A aculturação dos alemães no Brasil* (São Paulo, Editora Nacional, 1980; 1ª ed., 1946). O tema foi estudado por Giralda Seyferth em *A colonização alemã no Vale do Itajaí-mirim* (Porto Alegre, SAB, 1974). Essa autora tem se dedicado ao tema da imigração, como pode ser visto em seu livro *Imigração e cultura no Brasil* (Brasília, UnB, 1990) e em vários artigos publicados em revistas acadêmicas e livros.

• Sobre a imigração dos sírios e libaneses, judeus e japoneses, o leitor deve conferir os artigos do livro, já mencionado, organizado por Boris Fausto que traz o sugestivo título *Fazer a América.* Entre eles vale citar: Oswaldo Truzzi, "Sírios e libaneses e seus descendentes na sociedade paulista" (p.315-54); Roberto Grün "Construindo um lugar ao sol: os judeus no Brasil" (p. 353-82);

Célia Sakurai, "Imigração japonesa para o Brasil: um exemplo de imigração tutelada (1908-1941)" (p.201-38). Ainda sobre os sírios e os libaneses, o livro mais importante é o de Oswaldo Truzzi, *De mascates a doutores: sírios e libaneses em São Paulo* (São Paulo, Sumaré, 1992). Para os que se interessam pela imigração japonesa é possível consultar Tomeo Handa, *O imigrante japonês. História de sua vida no Brasil* (São Paulo, T.A. Queiroz/Centro de Estudos Nipo-brasileiros, 1987), e Célia Sakurai, *Romanceiro da imigração japonesa* (São Paulo, Sumaré, 1993).

• Sobre os judeus no Brasil vem sendo publicada enorme bibliografia. Sobre esses imigrantes no período Vargas podemos destacar o livro de Jeffrey Lesser, *O Brasil e a questão judaica: imigração, diplomacia e preconceito* (Rio de Janeiro, Imago, 1995), e o de Maria Luiza Tucci Carneiro, *O anti-semitismo na era Vargas (1930-1945)* (São Paulo, Brasiliense, 1988). Para a discussão contemporânea, ver a coletânea organizada por Bila Sorj, *Identidades judaicas no Brasil contemporâneo* (Rio de Janeiro, Imago, 1997).

• O Arquivo Nacional no Rio de Janeiro possui documentos de entrada de imigrantes que chegaram ao Brasil pelo porto do Rio. O acervo mais importante sobre imigração é o do Museu da Imigração, em São Paulo. Caso não possa visitá-lo, realize uma visita virtual pelo site www.memorialdoimigrante.sp.gov.br.

Sobre a autora

Sou uma socióloga com olhar histórico ou uma historiadora com perspectiva sociológica? Não sei, e acho difícil chegar a uma conclusão. Como pesquisadora do Centro de Pesquisa e Documentação de História Contemporânea do Brasil (CPDOC), da Fundação Getulio Vargas, tenho me dedicado a estudar os intelectuais e a construção de identidades nacionais no Brasil. Esse tema foi tratado em minha tese de doutoramento, realizada na Universidade de São Paulo (USP) e publicada pela Brasiliense, em 1990, sob o título *A questão nacional na Primeira República*. Escrevi inúmeros artigos publicados em revistas acadêmicas e também um livro sobre Guerreiro Ramos, intelectual que demandava uma "sociologia brasileira", chamado *A sociologia do Guerreiro* (UFRJ, 1995). Nos últimos anos dediquei-me a fazer estudos comparativos tomando os Estados Unidos como caso preferencial e publiquei *Americanos: representações da identidade nacional no Brasil e nos Estados Unidos* (UFMG, no prelo). Ao analisar questões culturais da atualidade nos Estados Unidos, especialmente o "multiculturalismo", o fiz tomando a questão da imigração como janela para acessar o assunto. Assim cheguei ao tema do presente livro.

A pesquisa sobre imigração que atualmente desenvolvo recebeu uma bolsa de produtividade em pesquisa do CNPq e conta com a colaboração de Julio Naves Ribeiro, bolsista do Pibict/CNPq junto ao CPDOC/FGV.

Coleção Descobrindo o Brasil

direção: Celso Castro

A modernização da imprensa (1970-2000)
Alzira Alves de Abreu

O Brasil no império português
Janaina Amado e Luiz Figueiredo

Os intelectuais da educação
Helena Bomeny

A era do rádio
Lia Calabre

A invenção do Exército brasileiro
A proclamação da República
Celso Castro

O Estado Novo
Maria Celina D'Araujo

A belle époque amazônica
Ana Maria Daou

O livro e a leitura no Brasil
Alessandra El Far

O pensamento nacionalista autoritário
Boris Fausto

Os índios antes do Brasil
Carlos Fausto

Os brasileiros e a Segunda Guerra Mundial
Francisco César Ferraz

Rebeliões no Brasil Colônia
Luciano Figueiredo

Palmares, ontem e hoje
Pedro P. Funari e Aline V. Carvalho

A arte rupestre no Brasil
Sambaqui: arqueologia do litoral brasileiro
Madu Gaspar

As formas do espaço brasileiro
Pedro Geiger

Cidadania e direitos do trabalho
Angela de Castro Gomes

Negros e política (1888-1937)
Flávio Gomes

Código Civil e cidadania
Keila Grinberg

Como falam os brasileiros
Yonne Leite e Dinah Callou

Uma viagem com Debret
Valéria Lima

O nascimento da imprensa brasileira
Isabel Lustosa

Escravidão e cidadania no Brasil monárquico
Hebe Maria Mattos

Os evangélicos
Clara Mafra

O sindicalismo brasileiro após 1930
Marcelo Badaró Mattos

O período das Regências (1831-1840)
Marco Morel

Da Bossa Nova à Tropicália
Santuza Cambraia Naves

Arqueologia da Amazônia
Eduardo Góes Neves

O Brasil dos imigrantes
Lucia Lippi Oliveira

Política externa brasileira
Leticia Pinheiro

Ditadura militar, esquerdas e sociedade
Daniel Aarão Reis

A Independência do Brasil
Iara Lis C. Souza

Partidos políticos no Brasil (1945-2000)
Rogerio Schmitt

O Império em procissão
Lilia Moritz Schwarcz

Modernismo e música brasileira
Elizabeth Travassos Lins

A fotografia no Império
Pedro Karp Vasquez

Brasil de todos os santos
Ronaldo Vainfas e Juliana Souza